El Mensaje de Monteverde

Escrito por
Leslie A. Woods

Ilustrado por
Robin T. Nelson

Colibrí Children's Adventures LLC
Gales Ferry, CT

To hear a recording of the author singing the song, log on to:

www.ColibriChildrensAdventures.com

Copyright © 2018 Leslie A. Woods and Robin T. Nelson

All rights reserved. No parts of this publication may be reproduced, stored in a database or retrieval system, or transmitted, in any form or by any means, without the prior permission of the publisher, except by a reviewer who may quote brief passages in a review.

Colibri Children's Adventures (an imprint of Leaning Rock Press, LLC)
Box 44
Gales Ferry, CT 06335
www.ColibriChildrensAdventures.com

ISBN 978-1-7328519-3-1 Spanish Soft cover
ISBN 978-0-9998744-3-1 Bilingual Hard cover
ISNB 978-0-9998744-4-8 Bilingual Soft cover
ISBN 978-0-9998744-5-5 Bilingual ebook

```
Publisher's Cataloging-In-Publication Data
(Prepared by The Donohue Group, Inc.)

Names: Woods, Leslie A., author, translator. | Nelson, Robin T.,
   illustrator.
Title: El Mensaje de Monteverde / escrito por Leslie A. Woods ; ilustrado
   por Robin T. Nelson ; [translated by Leslie A. Woods].
Other Titles: Message of Monteverde. Spanish
Description: Gales Ferry, CT : Colibrí Children's Adventures LLC, [an
   imprint of Leaning Rock Press, LLC], [2018] | Series: Colibri
   children's adventures | Translated from the original English title: The
   Message of Monteverde. | Interest age level: 003-010. | Summary:
   "Cuando Loli se siente frustrada al tratar de complacer a todos,
   Colibrí, el colibrí mágico, le cuenta sobre el Bosque Nuboso Monteverde
   en la lejana Costa Rica. Con Colibrí Loli viaja en tirolina a
   Monteverde, donde se encuentra con animales e insectos que viven
   simbióticamente en medio de una bella flora y fauna. El Mensaje de
   Monteverde se revela y Loli se da cuenta de que la amabilidad y la
   compasión son lo que más importa."--Provided by publisher.
Identifiers: ISBN 9781732851931 (Spanish softcover)
Subjects: LCSH: Hummingbirds--Juvenile fiction. | Voyages and travels--
   Costa Rica--Juvenile fiction. | Nature--Costa Rica--Juvenile fiction. |
   Kindness--Juvenile fiction. | Reserva Biológica Bosque Nuboso
   Monteverde (Costa Rica)--Juvenile fiction. | CYAC: Hummingbirds--
   Fiction. | Voyages and travels--Costa Rica--Fiction. | Nature--Costa
   Rica--Fiction. | Kindness--Fiction. | Monteverde Cloud Forest Preserve
   (Costa Rica)--Fiction. | Spanish language materials. | LCGFT: Action
   and adventure fiction.
Classification: LCC PZ73 .W664 2018 | DDC [E]--dc23
```

Dedicación

A mi esposo Bob, por apoyandome siempre con mis cuentos.¡Tienes muchos talentos ocultos!

A mis hijos, Allie, Aubrey y Tyler, por sus consejos con todos mis libros. ¡Son una inspiración!

Expresiones de Gratitud

Cynthia Horvilleur - Tu consejo bello y alegre al editar el español es inestimable.Gracias por dar la traducción el beneficio de una hispanohablante.

Dawn Anderson - Apreciamos tu entusiasmo en la correción de pruebas en nuestro cuento. Tú has hecho que nuestro viaje sea mucho más agradable.

Koby Nelson - Muchísimas gracias, no sólo por tu pericia increíble en arreglar y grabar la canción, sino por prestar atención a los detalles, Gracias también por tu consejo interminable, paciencia, entendimiento y dedicación.

"Ustedes creen que todo esto es importante, pero todo lo que realmente importa es amar a la gente y ser amable."

---Caitlin O'Hara

1983-2016

Loli era una chica muy amable.
A veces, era demasiado amable.

Un día, abrió los ojos y empezó a reir.

Sus amigos los animales la estaban mirando, entonces ella cantó.

"Los veo por mi ventana
¿No hay trabajo que ustedes tendrán?
Ni un lugar al que todos irán.
Ay, tengo que calmar mi alma."

Loli se levantó de la cama y caminó por el pasillo hacia la sala. ¡Los animales estaban en **esa** ventana también!

Se fue a la cocina. Ahí estaban otra vez.

"¿Qué está pasando?" ella preguntó.

Los animales golpearon y rompieron la puerta.

Loli trató de calmarlos.

"Ya sé que quieren desayunar.
Ponganse en linea, por favor.
Atrasados nadie va a quedar.
Es cierto, tengo que descansar."

Agarraron su comida y no le dijeron gracias. Simplemente salieron a jugar, ignorando sus tareas del día.

Loli empezó a llorar.

"Me siento loca, hay tanto que hacer.
A ustedes no les puedo cuidar.
Mi trabajo nunca va a salir.
Tan triste que me hace sentir."

En ese momento algo revoloteó y una voz suave empezó a cantar:

"Hay un lugar que te quiero mostrar,
Donde todos comparten por igual.
En las montañas está.
El cielo puedes tocar.
Hay un mensaje en Monteverde pa' tí."

"¿Cuál mensaje?" preguntó Loli. "¿Quién eres?"

"Soy Colibrí, el pájaro mágico. Vamos a Monteverde, el famoso bosque nuboso de Costa Rica."

Loli se ató el arnés y se fue.

"¡Wow! Estamos viajando rápidamente!" ella gritó.

"Por eso se llama un zip line," bromeó Colibrí.

Mientras Loli pasaba volando, un pájaro hermoso volaba a su lado.

"Hola mi querida. Soy Resplandeciente Quetzal, tu guía."

"¿Usted tiene un mensaje para mí?" Loli preguntó.

"No, pero lo encontrarás en Monteverde," respondió Quetzal.

De repente, Loli vio una plataforma. Habían unas criaturas extrañas.

"Somos Monos Aulladores, los porteros de Monteverde," dijo el Jefe Mono. "¡Bienvenida!"

"Cuida tu paso, Señorita," él dijo. "Nuestro puente colgante te espera."

"Hola. ¿**Usted** tiene un mensaje para mí?" Loli preguntó.

"No, pero lo encontrarás en Monteverde," respondió el Mono.

Loli caminó lentamente al centro del puente. El sonido de animales felices y ocupados la rodeaba. El aire era grueso y dulce como miel. Una niebla suave besó su cara.

"¡Ahh-iih!" una voz aguda hizo eco por el dosel.

"¿Qué es eso?" preguntó Loli.

"Es la Madre Perezosa," contestó Colibrí. "Es muy lenta y se cuelga en las copas de los arboles la mayor parte del tiempo. Su trabajo es cuidar de los insectos. Viven en su piel."

"¡Yuk!" dijo Loli. "¡Qué linda! Madre Perezosa, ¿**Usted** tiene un mensaje para mí?"

"¡Nahh-iih!" ella respondió, "pero lo encontrarás en Monteverde."

"Bueno, gracias." Loli continuaba su camino.

Loli llegó al final del puente y anduvo en el camino.

"Brrip, brrip," un ruido extraño sonó debajo de una hoja mojada.

"¿Qué es ese sonido?" preguntó Loli.

"Es la Ranita Roja. Nos informa que el ecosistema está limpio y seguro," dijo Colibrí.

"Hola Ranita Roja. ¿**Usted** tiene un mensaje para mí?"

"No," contestó la Ranita Roja. "Pero lo encontrarás en Monteverde."

"Gracias," dijo Loli. "Usted es muy amable."

Ranita Roja sonrió y saltó.

Loli continuaba en el camino.

"Me gustan las criaturas aquí," ella pensaba. "Parecen muy tranquilas y contentas. ¡Ay!" chilló Loli. "¿Quién me hace cosquillas en los dedos?"

Una gran tarántula la miraba directamente.

"¡Por favor, no me lastimes!" Loli gritó.

"No te preocupes. De verdad soy muy amable. Pero no le digas a nadie. No quiero que nadie me pase por encima," Tarántula respondió.

"¿**Usted** tiene un mensaje para mí?" Loli preguntó.

"No," él respondió, "pero lo encontrarás en Monteverde."

"Gracias Tarántula," dijo Loli. "Tú eres muy dulce."

"Ya, ya ya," Y se arrastró a su hoyo.

Loli continuaba por el camino. Llegó a un claro en el bosque y cientos de colibríes de varios colores aparecieron. Ella se sentó en un banco cercano.

Colibrí y Quetzal revoloteaban a su lado.

"Ésta es mi familia," Colibrí explicó. "Todos somos diferentes, pero estamos felices viviendo y trabajando juntos."

"Como debe ser," añadió Quetzal.

En ese momento, todo estaba completamente claro para Loli.

"¡Creo que encontré el mensaje de Monteverde!" ella gritó. "Todos trabajan juntos y alegres aquí y son muy amables también. Necesito ir a casa y decirles a mis amigos los animales."

Pero Loli estaba tan cansada de su viaje que se acurrucó en la banca y cerró los ojos.

Quetzal flotó encima de ella. "Adiós querida muchacha. Que estés segura y bien. Que estés en paz, y que siempre seas amable."

Cuando Loli y Colibrí llegaron a casa, encontraron una escena increíble. Todos los animales estaban ocupados, trabajando juntos por la casa y el jardín. Todo brillaba.

"¿Qué está pasando?" Loli preguntó. "Quería contarles del mensaje de Monteverde."

"Creo que ya sabían el mensaje. Solamente tenían que darse cuenta si mismos," dijo Colibrí.

Luego, sonrió, guiñó el ojo y voló.

Hasta la próxima...

– Monteverde –
Hechos Interesantes

- El Bosque Nuboso Monteverde en Costa Rica es conocido como el bosque nuboso más famoso del mundo. Está cerca del pueblo de Santa Elena.

- La Reserva Biológica Bosque Nuboso Monteverde está de los 860 - 1,840 metros (2,800 - 6,000 pies) sobre el nivel del mar.

- Debido al gran altitud, las nubes se llenan de humedad, formando una niebla que nutre los arboles más altos y que gotea a los organismos abajo, resultando en un ecosistema rico y delicadamente equilibrado.

- Localizado en el Diviso Continental, el clima es una combinación del salado Océano Pacifico y el Mar Caribe, cálido y húmedo.

- La temperatura media anual es de 18,8 grados Celsius (65,8 grados, Fahrenheit).

- Octubre es el mes más lluvioso y marzo es el menos lluvioso.

- La Reserva protege más de 100 especies de mamíferos, 400 tipos de aves, 120 anfibios y reptiles, decenas de miles de insectos y más de 3,000 especies de plantas.

- Protege la mayor diversidad de orquídeas del mundo con 500 especies distintas.

- Existen 878 especies de epífitas (plantas que crecen encima de plantas) en la Reserva.

- Sólo el 3% del territorio de la Reserva se usa para visitación. El resto está bajo protección estricta.

- Elegida como una de las siete maravillas naturales de Costa Rica.

El Mensaje de Monteverde

Leslie Woods

Versos

1. Les veo por mi ventan.
   ¿No hay trabajo que ustedes tendrán?
   Ni un lugar al que todos irán
   Ay, mi alma tiene que calmar

2. Ya sé que quieren desayunar
   Pónganse en linea, por favor
   Atrasado nadie va a quedar.
   Es cierto, tengo que descansar

3. Me siento loca, hay tanto que hacer
   A ustedes no les puedo cuidar
   Mi trabajo nunca va a salir
   Tan triste que me hace sentir

4. Resplandeciente Quetzal ¿Cómo está?
   Señor Sapo "Blue Jean" ¿Qué tal?
   Está colgada Perezosa Mamá
   Del oscuro viene la tarantula

5. Hay muchos tipos de Colibríes
   Monos en arboles comprimidos
   Enfermedades están destruidas
   Los doseles brotan nuevas vidas

6. Monteverde es el bosque que guía
   La confianza y la armonía
   Hay un sistema de ecología
   Si lo cuidamos, habrá Pura Vida

7. Ya cuando tienes que trabajar
   Tu corazon necesita apoyar
   Ser amable, siempre vas a ganar
   ¡Y tu espíritu puede volar!

Estribillo:

Hay un lugar que te quiero mostrar
Donde todos comparten por igual
En las montañas está
El cielo puedes tocar
Hay un mensaje en Monteverde pa' ti

También escrito por Leslie A. Woods y Robin T. Nelson

¡Abre los Portones de San Jerónimo!
Una Aventura a Costa Rica.

Era un lugar especial en el corazon de una niña. Luego, un pájaro mágico y misterioso, llamada Colibrí, lleva Loli y sus amigos a "su cielo en la tierra". Acompañenlos en una aventura emocionante al lugar lejos, Alajuela, Costa Rica.

Zoológico de Papel
Una Aventura a Sudáfrica.

Los animales de papel de Loli están seguros y queridos, pero quieren algo más. Luego, llega Colibrí, el pájaro mágico, y tal vez tendrá la solución. Acompañenlos en una aventura emocionante a sudáfrica mientras todos "brincan en fé".

La Pecera Mágica
Una Aventura Bajo el Mar

Loli y su amiga, Sasha, están preocupadas por su lección de natación del día siguiente. Pero un colibií mágico y misterioso, llamado, Colibrí, las muestra que nadar puede ser divertido y que proteger los oceáno es also importante. ¡Acompáñelas en una aventura mágica bajo el mar!

Autor
Leslie A. Woods combina su amor por los idiomas, la cultura y la música para traer magia a sus libros. Pasó muchos veranos de su infancia en la granja de su abuelo en Costa Rica y ha viajado por todo el mundo en diversas ocupaciones, incluso como directora/traductora del concurso Miss Universo, y como traductora para viajes misioneros a Honduras. Es profesora de español y francés, esposa y madre. América Central siempre está en su corazon.

Ilustrador
Robin T. Nelson ha estudiado pintura de acuarela por muchos años. Recientemente se retiró de su carrera en la ciencia y ahora puede dedicar más tiempo al arte. A ella le gusta pintar y estudiar las apariencias físicas, los rasgos de personalidad y los hábitos de diferentes animales. Robin es una científica de corazón, una esposa y madre. Disfruta usar sus habilidades artísticas con fines humanitarios.

www.ingramcontent.com/pod-product-compliance
Lightning Source LLC
Chambersburg PA
CBHW061235070526
44584CB00030B/4133